Vorwort

Nudeln gehören unbestritten zu den beliebtesten Lebensmitteln – bei Jung und Alt. Was liegt näher als dass Sie mit Ihrem Thermomix schmackhafte, leckere Soßen zubereiten? Sie schmecken Allen und man wird Sie bewundern, was Sie so „einfach" auf die Teller zaubern......

Guten Appetit wünscht
Corinna Wild

Die Rezepte sind für bis zu 4 Pers. und können ggf. auch halbiert werden.

Rezeptübersicht

udelgrundteig   Reicht für 4 Personen

Zutaten:

250 g Mehl, Type 405
2 Eier
½ TL Salz
2 TL Olivenöl

Zubereitung:

- Alle Zutaten im Mixtopf
  2 Min./Teigstufe kneten.
- Teig in Klarsichtfolie gewickelt
- 1 Stunde gekühlt ruhen lassen.
- Danach zu den gewünschten
  Nudelformen weiter verarbeiten.

efärbter Nudelteig

Zum Färben des Nudelteiges fügt man den Basiszutaten jeweils das gewünschte Aroma bei. Die Zubereitung erfolgt dann wie beim Grund-teig.

Tiefrote Teigfarbe: ½ MB Rote Bete Saft zugeben,
dafür kein Olivenöl

Rote Teigfarbe: 1 gestrichener EL Tomatenpüree dazu

Gelbe Teigfarbe: 1 gestrichenen TL Kurkumapulver dazu

Grüne Teigfarbe: 100 g gehackten Spinat in ein Küchentuch
geben, sehr gut auspressen und den
Teigzutaten beifügen.

Blaue Teigfarbe: 1 Briefchen Tintenfischtinte (Nero di Seppia,
erhältlich in italienischen Spezialgeschäften)
zugeben.

Braune Teigfarbe: 25 g getrocknete Steinpilze im Mixtopf
10 Sek./Stufe 9 mahlen und zu den Zutaten
geben.

*T*ipps und Tricks zum richtigen Nudelkochen

Formel für das ideale Wasser/Nudelverhältnis beim Kochen:

1000 : 100 : 10 =

1000 g Wasser
100 g Nudeln
10 g Salz

Nudeln sollten immer ins sprudelnd kochende Wasser gegeben werden und weiter sprudelnd kochen. Die Garzeit auf den Nudelverpackungen gelten immer erst ab der Zeit, ab der die Nudeln kochen.
Selbst gemachte, frische Nudeln brauchen natürlich eine viel kürzere Garzeit.

„Al dente" - bissfest, schmecken sie am besten, daher oft probieren, damit man den idealen Garpunkt nicht verpasst.
Die Italiener lieben die Pasta besonders „kernig", sodass manche „Nordländer" in der Regel noch 1-2 Minuten Kochzeit mehr genehmigen.

Nur wenn die Nudeln für einen Salat gedacht sind, darf man sie nach der Kochzeit kalt abschrecken, damit sie nicht verkleben.
Es ist besser, die Nudeln in ein Sieb abzugiessen und anschließend sofort mit der zubereiteten Soße zu vermischen, wie dies in der italienischen Küche so gehandhabt wird. Daher ist es auch immer besser, wenn die Soße vor den Nudeln fertig gekocht ist.

Nudeln kochen im Thermomix:

1. 1.500 g Wasser in den Mixtopf geben, ca.
    10 Min./Varoma/Stufe 1 aufkochen bis
    es sprudelnd kocht.
2. 500 g Nudeln in den Mixtopf geben, Garzeit
    der Nudeln einstellen und diese dann bei
    90–100°C/ ⤺ /Stufe 1 gar kochen.

Curry-Hack-Soße

Nudeltipp:

Spaghetti
400 g

Zutaten:

3	Knoblauchzehen, geschält
2	Chilischoten, geputzt, entkernt
1 EL	Olivenöl
500 g	Hackfleisch
65 g	Weißwein
200 g	Schlagsahne
	Currypulver
1 Tasse	Erbsen, TK
	Salz, Pfeffer

- Knoblauchzehen und Chilischoten im Mixtopf **3 Sek./Stufe 5** zerkleinern. Öl dazu und **2 Min./Varoma/Stufe 1** dünsten.
- Hackfleisch in Etappen zugeben und **6 Min./100°C/ ↺ /Stufe 1** krümelig braten. Mit Weißwein ablöschen und die Sahne angießen, mit Curry würzen.
- Die Erbsen dazu und nochmals **8 Min./100°C/ ↺ /Stufe 3** köcheln lassen, dabei den Messbecher nicht aufsetzen.
- Mit Salz und Pfeffer abschmecken. Zu den gekochten Spaghetti reichen.

Wann sind die Nudeln al dente ?

Man sagt, dass die Italiener es so handhaben:
Zum Festellen, ob die Nudel „al dente" gekocht ist, nimmt man 1 Nudel aus dem Kochtopf und wirft sie an eine kalte Fensterscheibe.
Wenn die Nudel herunterfällt, sei sie al dente und wenn sie kleben bleibt, sei sie zu weich gekocht.

Alkoholfreie Variante:
Weißwein kann durch Traubensaft o. Gemüse-brühe ersetzt werden.

Paprika-Carbonara

Nudeltipp:

Spaghetti
400 g

Zuaten:

1 gr.	Zwiebel, geschält, in Stücken
1 gr.	Paprikaschote, rot, geputzt, entkernt
4 EL	Olivenöl
120 g	Parmaschinken, in Streifen
200 g	Schlagsahne
200 g	Gemüsebrühe aus Instant
6 EL	Ayvar-mild (Paprikapaste aus dem Glas)
2	Eier
2	Eigelb extra
	Salz
	Pfeffer aus der Mühle
60 g	Parmesankäse, gerieben
2 EL	Schnittlauchröllchen

- Zwiebel in Stücken und Paprikaschote in Streifen im Mixtopf **5 Sek./Stufe 5** zerkleinern.
- Olivenöl dazu und **3 Min./Varoma/Stufe 1** dünsten.
- Schinkenstreifen dazu und noch **20 Sek./Varoma/Stufe 1** dünsten.
- Sahne, Gemüsebrühe und Ayvar beifügen und **4 Min./ ⟳ /100°C/Stufe 2** kochen.
- In einer Tasse Eier, Eigelbe und 4 EL dieser Rahmmischung (aus dem Topf) verrühren und zur heißen Schinkensoße in den Topf zurückgeben.
- Soße **2 Min./Stufe 2-3** ohne Hitze rühren.
  (Sie darf nicht mehr kochen !) Mit Salz und Pfeffer würzen.
- Parmesan mit dem Spatel manuell unterheben und beim Servieren mit den Schnittlauchröllchen bestreuen.

 Tipp: Wenn Ihnen die Soße zu dick vorkommt, mit etwas Nudelwasser geschmeidig rühren.

Gorgonzola-Pilz-Soße

Nudeltipp:

Spaghetti
400 g

Zutaten:

200 g	frische Champignons
1 EL	Butterschmalz
150 g	Schlagsahne
150 g	Milch
100 g	Frischkäse
200 g	Gorgonzola
1 EL	Basilikumblätter, in Streifen geschnitten
	Pfeffer aus der Mühle

- Spaghetti in reichlich Salzwasser al dente kochen.
- Pilze putzen, in Scheiben schneiden und in einer Pfanne mit dem Butterschmalz goldbraun anbraten.
- Sahne, Milch und Frischkäse im Mixtopf **30 Sek./ Stufe 6** verrühren.
- Gorgonzola in groben Stücken zugeben und alles **4 Min./70°C/Stufe 3** schmelzen lassen.
- Spaghetti abgießen, noch feucht in eine Schüssel geben und sofort mit der Soße vermischen. Auf Tellern anrichten.
- Die Pilze darüber verteilen und mit dem Basilikum bestreut servieren. Evtl. mit Pfeffer aus der Mühle würzen.

Spinat-Ricotta-Soße

Nudeltipp:

Bandnudeln
350 g

Zutaten:

100 g	Ricotta
150 g	Schlagsahne
300 g	Spinat, TK/aufgetaut
1 kl.	Zwiebel, geschält
2	Knoblauchzehen, geschält
50 g	Butter
	Salz, Pfeffer,
1 Pr.	Muskatnuss, gemahlen

- Nudeln in reichlich Salzwasser bissfest garen.
- Ricotta und Sahne im Mixtopf **1 Min./Stufe 5** mischen und umfüllen.
- Aufgetauten Spinat sehr gut ausdrücken.
- Zwiebel in Stücken und Knoblauchzehen **7 Sek./Stufe 5** zerkleinern.
- Butter dazu und **2 Min./Varoma/Stufe 2** dünsten.
- Spinat zugeben und noch **2 Min./Varoma/Stufe 2** dünsten.
- Rahm/Ricotta-Mischung zugeben und **3 Min./ ↺ /80°C/Stufe 2** erhitzen. (*Nicht kochen!*)
- Mit Salz, Pfeffer und Muskat abschmecken und über die Nudeln geben.

Penne mit Wodka-Soße

Nudeltipp:

Penne
400 g

Zutaten:

1 P.	Frühstücksspeck (Bacon) ca. 80-100 g
2	Zwiebeln, geschält, in Stücken
2	Knoblauchzehen, geschält
3 EL	Olivenöl
1 EL	Tomatenmark
150 g	Gemüsebrühe aus Instant
100 g	Schlagsahne
1 P.	Stückige Tomaten, 500 g

1 Kugel Mozzarella (125 g)
5 EL   Wodka
       Salz, Pfeffer, Edelsüß-Paprika, Zucker
6 Stiele Basilikum, abgezupft, in Streifen geschnitten

- Speck in einer Pfanne ohne Fett von beiden Seiten kross auslassen. Beiseite stellen, abkühlen.
- Zwiebel und Knoblauch im Mixtopf **5 Sek./Stufe 5** zerkleinern.
- Öl dazu und **2 Min./Varoma/Stufe 1** andünsten. Tomatenmark dazu und kurz mit andünsten.
- Brühe, Sahne und Tomaten zugeben und **7 Min./100°C/Stufe 2** kochen. Die Nudeln al dente kochen, abgießen und abtropfen lassen.
- Mozzarella abtropfen, grob zerkleinern. ¾ des krossen Specks mit den Fingern zerbröseln. Wodka zur Soße geben und mit den Gewürzen abschmecken.
- Speckbrösel, Mozzarella und Basilikum zugeben, **10 Sek./ ⟲ /Stufe 1** unterheben.
- Nudeln untermengen und mit den restlichen Speckscheiben garniert servieren.

Alkoholfreie Variante:
Wodka können Sie entweder weglassen o. durch Gemüsebrühe ersetzen.

Tomaten-Walnuss-Soße

Nudeltipp:

Zutaten:

100 g	Walnusskerne
1	Zwiebel, geschält, in Stücken
1	Knoblauchzehe, geschält
2 EL	Olivenöl
je 1 TL	Zimt, Piment und Ingwer, gemahlen
250 g	Frische Champignons, geputzt
500 g	Tomaten, geschält
1 EL	Tomatenmark
	Kräutersalz, Pfeffer, Zucker
2 EL	Petersilie, gehackt
40 g	Butter

Rigatoni
400 g

- Nudeln al dente garen und warm stellen.
- Walnusskerne im Mixtopf **5 Sek./Stufe 5** grob hacken. Umfüllen.
- Zwiebel und Knoblauchzehe im Mixtopf **5 Sek./Stufe 5** zerkleinern und mit 1 EL Olivenöl **2 Min./Varoma/Stufe 1** dünsten.
- Zimt, Piment, Ingwer und die klein geschnittenen Pilze beifügen. **5 Min./ ⟲ /90°C/Stufe 1** dünsten.
- Geschälte Tomaten von den Stielansätzen befreien, achteln und mit dem Tomatenmark dazugeben. Mit Salz, Pfeffer u. Zucker würzen und das Ganze **8 Min./100°C/Stufe 1** kochen.
- In der Zwischenzeit mit dem restlichen Öl die Walnusskerne in einer Pfanne leicht anrösten.
- Die Hälfte der Nüsse zur Soße geben und **10 Sek./ ⟲ /Stufe 1** unterheben.
- Soße unter die heißen Nudeln mischen, Petersilie, Butter und restliche Nüsse darüber verteilen.

Sizilianische Makkaroni

Zutaten:

100 g	Haselnüsse
50 g	Pinienkerne
100 g	Walnuss-Kerne
100 g	Rosinen
3 kl.	Rote Chilischoten, geputzt und entkernt
60 g	Butter
½ TL	Zimt, gemahlen
250 g	Gemüsebrühe aus Instant
3 EL	trockener Weißwein
1	Zitrone, unbehandelt
1 EL	Olivenöl
½ Bd.	Basilikum, gewaschen, abgetropft, abgezupft
	Salz

- Haselnüsse in einer trockenen Pfanne goldbraun rösten. Im Mixtopf **6 Sek./Stufe 8** hacken. Umfüllen.
- Pinienkerne auch ohne Fett goldbraun rösten.
- Walnuss-Kerne im Mixtopf **10 Sek./Stufe 10** fein mahlen. Umfüllen.
- Rosinen und Chilischoten im Mixtopf **5 Sek./ Stufe 5** grob hacken und umfüllen.
- Butter im Mixtopf **30 Sek./60°C/Stufe1** schmelzen.
- Rosinen, Chilischoten, Haselnüsse und Walnüsse sowie Zimt dazu. **4 Min./Varoma/Stufe 2** anbraten.
- Mit Gemüsebrühe und Wein ablöschen. **3 Min./ 🥄 /100°C/Stufe 2** etwas einkochen, dabei den MB nicht in den Mixtopfdeckel einsetzen.
- Inzwischen die Nudeln al dente garen, abgießen und gut abtropfen.
- Zitronenschale, etwas Zitronensaft und die Hälfte des Basilikums zur Nuss-Soße in den Mixtopf geben.
- Mit Salz würzen und **1 Min./ 🥄 /Stufe 1** untermischen.
- Nudeln und Soße in einer vorgewärmten Schüssel mischen, mit Olivenöl beträufeln, restliches Basilikum darüber und mit den Zitronenfilets garnieren. Sofort servieren.

Alkoholfreie Variante:
Weißwein kann durch Traubensaft o. Gemüsebrühe ersetzt werden.

$\mathcal{N}$udeln in Tomaten-Basilikumrahm

Nudeltipp:

Zutaten:

je 1   rote, gelbe u. grüne Paprikaschote,
        geputzt, entkernt, in Stücken
20 g   Butter
200 g   Schmelzkäse, natur
200 g   Milch
100 g   schwarze Oliven ohne Stein
2 EL   Basilikum, gehackt
4 EL   Tomatenmark

... nach Wahl
400 g

- Paprikaschoten im Mixtopf **5 Sek./Stufe 4** nacheinander zerkleinern.
- Butter dazu und **3 Min./Varoma/Stufe 1** dünsten. Umfüllen.
- Nudeln al dente garen, abgießen und warm stellen.
- Schmelzkäse und Milch im noch warmen Mixtopf **3 Min./70°C/Stufe 2** schmelzen.
- Oliven, Paprikagemüse, Basilikum und Tomatenmark dazu und **1 Min./ /Stufe 2** unterheben.
- Nudeln mit der Soße anrichten und sofort servieren.

Scharfe Specksoße

Zutaten:

1	Chilischote, getrocknet
1	Zwiebel, geschält, in Stücken
2 EL	Olivenöl
150 g	Speckwürfelchen
75 g	trockener Weißwein
1	kl. Dose geschälte Tomaten
	Salz, Pfeffer

Nudeltipp:

Spaghetti 400 g

- Chilischote grob zerbröseln.
- Zwiebel im Mixtopf **5 Sek./Stufe 5** zerkleinern.
- Öl und Speckwürfel zugeben und **2 Min./Varoma/Stufe 1** dünsten.
- Mit Weißwein ablöschen, die geschälten Tomaten und die Chilischotenbrösel dazu. Danach **7 Min./ ⟲ /100°C/Stufe 1** kochen.
- Zwischenzeitlich Nudeln bissfest garen, abgießen.
- Soße mit Salz und Pfeffer abschmecken und mit den Nudeln mischen. Sofort servieren.

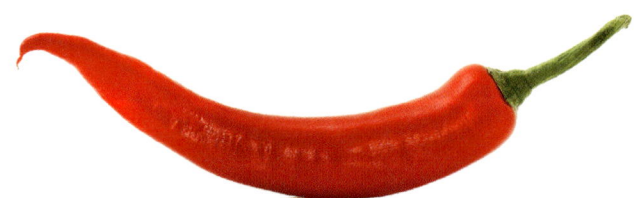

Alkoholfreie Variante: Weißwein können Sie durch Gemüsebrühe ersetzen.

Mango-Thymian-Nudeln

Nudeltipp:

Zutaten:

2	Schalotten, geschält, halbiert
2 EL	Olivenöl
1 EL	Currypulver
200 g	Schlagsahne
1 Bd.	Zitronen-Thymian, gewaschen, trocken getupft
1	reife Mango, geschält, klein gewürfelt
½	Bio-Zitrone, die abgeriebene Schale davon
	Salz, Pfeffer aus der Mühle

Hörnchen
400 g

- Schalotten im Mixtopf **5 Sek./Stufe 5** zerkleinern.
  Öl dazu und **2 Min./Varoma/Stufe 1** dünsten.
- Mit Curry bestäuben. Sahne und die von den Stielen gestreiften Thymianblättchen zugeben.
- Die Soße **4 Min./ /100°C/Stufe 2** leicht köcheln lassen, dabei den Messbecher nicht in den Mixtopfdeckel einsetzen.
- Mangowürfel und Zitronenschale dazu, mit Salz und Pfeffer abschmecken.
- In der Zwischenzeit die Nudeln bissfest kochen und abgießen.
- Nudeln mit der Soße in einer vorgewärmten Schüssel gut vermischen, kurz ziehen lassen und servieren.

Tagliatelle mit Räucherlachs

Nudeltipp:

Tagliatelle
400 g

Zutaten:

1 Bd.	Dill, gewaschen, trocken getupft
2	Zitronen
2	Schalotten, geschält, geviertelt
50 g	Butter
100 g	Weißwein
200 g	Schlagsahne
½ TL	Salz
1 MSP	Pfeffer
1 MSP	Muskat, gerieben
12	schwarze Oliven ohne Stein
200 g	Räucherlachs

- Nudeln al dente garen, abgießen und warm stellen.
- Dill im Mixtopf **5 Sek./Stufe 7** zerkleinern und umfüllen.
- 1 Zitrone auspressen, Saft auffangen. Die 2. Zitrone in feine Scheibchen schneiden und beiseite stellen.
- Schalotten im Mixtopf **5 Sek./Stufe 5** zerkleinern.
- Butter dazu und **2 Min./Varoma/Stufe 1** dünsten.
- Mit Wein ablöschen. **3 Min./100°C/Stufe 2** kochen.
- Sahne zur Soße gießen. Salz, Pfeffer, Muskat und Oliven dazu und **5 Min./ ↺ /90°C/Stufe 1** zu dicklicher Soße köcheln. Dabei den MB nicht in den Mixtopfdeckel einsetzen.
- Lachs in Streifen und Dill dazu und **30 Sek./ ↺ /Stufe 1** unterheben.
- Soße mit Zitronensaft abschmecken. Tagliatelle auf Tellern mit der Soße übergießen und mit Zitronenscheiben garnieren.

Alkoholfreie Variante:
Weißwein kann durch Milch o. Gemüsebrühe ersetzt werden.

Einfache Parmesan-Sahne-Soße

Nudeltipp:

Zutaten:

150 g	Parmesankäse am Stück
50 g	Butter
250 g	Schlagsahne
	weißer Pfeffer
1 EL	Petersilie, gehackt

Tortellini
500 g

- Parmesankäse in Stücken im **Mixtopf 10 Sek./Stufe 10** fein mahlen. Umfüllen.
- Butter und Sahne im Mixtopf **5 Min./ ⟲ /100°C/Stufe 2** etwas einköcheln lassen. Dabei den MB nicht in den Mixtopfdeckel einsetzen.
- Geriebenen Parmesan (*bis auf 2 EL*) hinzufügen und **15 Sek./Stufe 3** schmelzen lassen. Mit Pfeffer gut abschmecken.
- Tortellini garen und abgießen. Soße mit den Tortellini mischen und auf den Tellern mit dem restlichen Parmesankäse und der Petersilie bestreuen.

Can-Can-Soße

Nudeltipp:

Bavette
350 g

Zutaten:

1	Zwiebel, geschält, in Stücken
1	Rote Paprika, geputzt, entkernt, in Streifen
2 EL	Olivenöl
400 g	gehackte Tomaten aus der Dose
1 kl.	Dose Kichererbsen (Abtr.gewicht 425 g)
2 EL	Wermut
1 TL	getrockneter Oregano
1	Lorbeerblatt
2 EL	Kapern
	Salz, Pfeffer

- Zwiebel und Paprika im Mixtopf **6 Sek./Stufe 5** zerkleinern.
- Olivenöl dazu und **3 Min./Varoma/Stufe 1** dünsten.
- Tomaten und Kichererbsen mit der Flüssigkeit, Wermut, Oregano, Lorbeerblatt und Kapern zugeben.
- Mit Salz und Pfeffer würzen und **8 Min./ ⊙ /100°C/Stufe 1** kochen.
- Nach der Kochzeit das Lorbeerblatt entfernen und die Soße mit den Nudeln in einem großen Topf mischen. Evtl. noch ein wenig erwärmen und das Gericht heiß servieren.

Alkoholfreie Variante:
Wermut können Sie einfach weglassen.

Soße a là Mister Rapid

Nudeltipp:

Rigatoni
350 g

Zutaten:

1	rote Paprikaschote, geputzt, entkernt, in Streifen
1	gelbe Paprikaschote, geputzt, entkernt, in Streifen
1 kl.	Zucchini, gewaschen, in Stücken
150 g	Karotten, geschält, in Stücken
1	Zwiebel, geschält, in Stücken
1	Knoblauchzehe, geschält
3 EL	Olivenöl
200 g	Schmelzkäse „Kräuter"(1 Schale)
200 g	Gemüsebrühe aus Instant
½ Bd.	Basilikum, gewaschen, trocken getupft
	Pfeffer aus der Mühle

- Paprikaschotenstreifen, Zucchinistücke und Karotten nacheinander im Mixtopf **5 Sek./Stufe 6** zerkleinern und umfüllen.
- Zwiebel und Knoblauch im Mixtopf **5 Sek./Stufe 5** zerkleinern.
- Öl zugeben und **2 Min./Varoma/Stufe 1** dünsten.
- Zerkleinertes Gemüse dazugeben und mit 100 g Gemüsebrühe **6 Min./ ⟲ /100°C/Stufe 2** garen.
- Schmelzkäse sowie die restliche Gemüsebrühe hinzufügen. Alles zusammen **3 Min./ ⟲ /70°C/Stufe 1** erhitzen.
- Basilikum zugeben und kurz im **⟲ /Stufe 1** unterheben.
- Entweder die Nudeln mit der Soße mischen oder extra dazu reichen. Mit Pfeffer aus der Mühle würzen und servieren.

Orangen-Meerrettichsoße (Achtung kalte Soße!)

Zutaten:

1	Orange, ausgepresster Saft davon
300 g	Saure Sahne
5 EL	Öl
5 EL	Tomatenmark
4 EL	Weinbrand
2 TL	geriebener Meerrettich
	Salz, Pfeffer, Cayennepfeffer

Alkoholfreie Variante:
Wenn Sie auf Weinbrand verzichten möchten, verwenden Sie bitte 330 g Saure Sahne.

- Orangensaft, Saure Sahne, Öl, Tomatenmark, Weinbrand und Meerrettich im Mixtopf **1 Min./Stufe 5** gut verrühren.
- Mit den Gewürzen pikant abschmecken.
- Die Soße passt zu überbackenen und gebratenen Nudeln.

Krabbennudeln

Zutaten:

50 g	Sahnemeerrettich
130 g	Mayonnaise
2 TL	Zucker
2 EL	Zitronensaft
300 g	Krabben o. Schrimps
Parmesan zum Bestreuen	

Nudeltipp:

Bandnudeln
450 g

- Nudeln in reichlich Salzwasser bissfest garen.
- Sahnemeerrettich, Mayonnaise, Zucker und Zitronensaft in den Mixtopf geben und **1:30 Min./80°C/Stufe 3** vermengen.
- Krabben in einer Pfanne mit etwas Öl leicht anbraten. Gekochte Nudeln und Meerrettichsauce hinzugeben und gut vermengen.
- Auf Teller anrichten und mit etwas Parmesankäse bestreuen.

Mozzarella-Soße

Nudeltipp:

Zutaten:

1 Bd.	Basilikum, gewaschen, trocken getupft
1	Schalotte, geschält
1	Knoblauchzehe, geschält
3 EL	Olivenöl
250 g	Tomaten, geputzt, geschält, gewürfelt
2 EL	Balsamico-Essig
2 EL	Tomatenmark
200 g	Rotwein
200 g	Gemüsebrühe aus Instant
1 Kugel	Mozzarella, abgetropft, grob zerkleinert
	Salz, Pfeffer

Gnocchi
ca. 500 g

- Basilikum im Mixtopf **10 Sek./Stufe 7** zerkleinern. Umfüllen.
- Schalotte und Knoblauch im Mixtopf **5 Sek./Stufe 5** zerkleinern.
- Öl dazu und **2 Min./Varoma/Stufe 1** dünsten.
- Tomaten dazu und noch **2 Min./Varoma/Stufe 1** schmoren.
- Essig, Tomatenmark, Rotwein und Brühe dazu, ebenso den Mozzarella. **4 Min./100°C/Stufe 2** kochen, dabei dabei den Messbecher nicht in den Mixtopfdeckel einsetzen.
- Basilikum dazugeben und **10 Sek./ ↺ /Stufe 1** unterheben. Soße ggf. mit Salz und Pfeffer nachwürzen.

Alkoholfreie Variante:
Rotwein kann durch Traubensaft oder Gemüsebrühe ersetzt werden.

Safran-Lauch-Soße

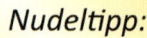
Nudeltipp:

Zutaten:

50 g	Parmesan am Stück
1 EL	Butter
100 g	Lauch, gewaschen, in Ringe geschnitten
100 g	Weißwein
100 g	Schlagsahne
100 g	Gemüsebrühe aus Instant
1 MSP	Safran
	Salz, Pfeffer

Fusilli
400 g

- Parmesan im Mixtopf **10 Sek./Stufe 9** mahlen. Umfüllen.
- Butter und Lauchringe in den Mixtopf geben und **2 Min./Varoma/Stufe 1** dünsten.
- Wein zugießen und **3 Min./ /100°C/Stufe 1** einkochen lassen, dabei den MB nicht in den Mixtopfdeckel einsetzen.
- Nudeln in reichlich Salzwasser bissfest garen, abgießen und warm stellen.
- Sahne und Brühe zufügen und **3 Min./70°C/Stufe 1** kochen.
- Safran und geriebenen Käse dazu und **10 Sek./ /Stufe 1** unterheben.
- Soße abschmecken und zu den Nudeln reichen.

Alkoholfreie Variante:
Weißwein kann durch Traubensaft o. Gemüsebrühe ersetzt werden.

Champignon-Soße

Nudeltipp:

Zutaten:

1	Zwiebel, geschält, in Stücken
2 EL	Olivenöl
750 g	Champignons, geputzt, leicht zerkleinert
200 g	Sahne
2 EL	Sojasoße
	Salz, Pfeffer aus der Mühle

Spaghetti
400 g

- Spaghetti al dente garen und warm stellen.
- Zwiebel im Mixtopf **5 Sek./Stufe 5** zerkleinern.
  Öl zugeben und **2 Min./Varoma/Stufe 1** schmoren.
- Zerkleinerte Pilze dazu und **6 Min./ /100°C/Stufe 1** garen.
- Sahne und Sojasoße dazu und **30 Sek./ /Stufe 1** unterheben.
- Soße mit Salz und Pfeffer abschmecken und mit den Spaghetti
  servieren.

Farfalle mit Chilisoße

Nudeltipp:

Farfalle
450 g

Zutaten:

1	Chilischote, geputzt, entkernt
1	Zwiebel, geschält, in Stücken
1	Knoblauchzehe, geschält
4 EL	Olivenöl
500 g	Fleischtomaten, geputzt, gewürfelt
140 g	Gemüsebrühe aus Instant
15	grüne, eingelegte Oliven ohne Stein
1 TL	Oreganoblättchen
2 EL	Petersilie, gehackt

- Chilischote, Zwiebel und Knoblauch im Mixtopf **5 Sek./Stufe 5** zerkleinern.
- Olivenöl zugeben und **2 Min./Varoma/Stufe 1** dünsten.
- Tomaten und Brühe dazu. Soße **12 Min./100°C/Stufe 3** kochen.
- Farfalle al dente garen und warm stellen. Oliven abtropfen und in Scheiben schneiden.
- Oreganoblättchen, gehackte Petersilie und Oliven zur Soße geben und **15 Sek./ /Stufe 1** unterrühren.
- Nudeln mit der Soße anrichten.

Karottensoße

Zutaten:

500 g	Karotten, geschält, in Stücken
4	Frühlingszwiebeln, geputzt, in Stücken
2 EL	Öl
200 g	Gemüsebrühe aus Instant
60 g	Crème fraîche
	Salz, Cayennepfeffer

Nudeltipp:

Spaghettini
400 g

- Karotten im Mixtopf in 2 Etappen je **8 Sek./Stufe 5** zerkleinern. Umfüllen.
- Frühlingszwiebeln im Mixtopf **5 Sek./Stufe 5** zerkleinern.
- Öl dazu und **2 Min./Varoma/Stufe 1** dünsten.
- Spaghettini bissfest garen und warm stellen.
- Geraspelte Karotten dazu und **2 Min./ Varoma/Stufe 1** schmoren.
- Gemüsebrühe zugießen und **7 Min./100°/Stufe 2** weich kochen. Dann **20 Sek./Stufe 8** pürieren.
- Crème fraîche dazu und **15 Sek./Stufe 4** unterheben.
- Soße mit Salz und Cayennepfeffer pikant abschmecken und zu den Spaghettini servieren.

Thymian-Sahne-Soße

Zutaten:

½ Bd.	Thymian
1	Zwiebel, geschält, in Stücken
1	Knoblauchzehe, geschält
2 EL	Butter
½ EL	Mehl
130 g	Weißwein
140 g	Milch
250 g	Schlagsahne
	Salz, Pfeffer, Cayennepfeffer
1 TL	Zitronensaft

Papardelle
400 g

Nudeltipp:

- Thymian waschen, trocken schütteln, abzupfen und im Mixtopf **5 Sek./Stufe 5** hacken. Umfüllen.
- Zwiebel und Knoblauch **5 Sek./Stufe 5** zerkleinern.
  Butter zugeben und **2 Min./ Varoma/ Stufe 1** dünsten.
- Messbecher aus dem Deckel nehmen und Mehl zugeben.
  Kurz auf **Stufe 1** mit schmoren. Mit Wein ablöschen.
- Milch und Sahne dazu und alles **10 Min./100°C/Stufe 3** kochen.
- Thymian zugeben und **10 Sek./ ☋ /Stufe 1** unterheben.
- Soße mit Salz, Pfeffer und Cayennepfeffer würzen, dann mit Zitronensaft abschmecken.

Alkoholfreie Variante:
Weißwein kann durch Traubensaft o. Gemüsebrühe ersetzt werden.

Salbeisoße

Zutaten:

80 g   Parmesankäse
1 handvoll Salbeiblätter
2 EL   Butter
250 g   Gemüsebrühe aus Instant
150 g   Mascarpone

Nudeltipp:

... *nach Wahl*
400 g

- Nudeln al dente garen, abgießen und warm stellen.
- Parmesan im Mixtopf **15 Sek./Stufe 6** reiben. Umfüllen.
- Salbeiblätter waschen, trocken tupfen und **5 Sek./Stufe 5** hacken.
- Butter zugeben und **2 Min./Varoma/Stufe 1** schmoren.
- Mit der Brühe ablöschen und **2 Min./100°C/Stufe 1** erhitzen.
- Mascarpone und Parmesankäse **2 Min./Stufe 2** unterheben.
- Nudeln mit der Soße servieren.

Ziegenkäsesoße zu Farfalle

Zutaten:

250 g   Schlagsahne
100 g   Ziegenfrischkäse
100 g   Mortadella, in Streifen geschnitten
1 Bd.   Schnittlauch in Röllchen
2 EL   Walnüsse, gehackt
        Pfeffer, Salz

Nudeltipp:

Farfalle
450 g

- Sahne im Mixtopf **4 Min./100°C/Stufe 3** aufkochen.
- Farfalle al dente garen und warmstellen.
- Ziegenkäse in den Mixtopf geben und **2 Min./80°C/Stufe 2** rühren.
- Mortadella, Schnittlauch und Nüsse hinzufügen und **2 Min./ ⟳ /80°C/Stufe 2** rühren.
- Soße mit Salz und Pfeffer würzen und mit den Nudeln servieren.

Spinatsahnesoße

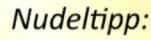

Zutaten:

50 g	Parmesankäse
1	Zwiebel, geschält, in Stücken
1	Knoblauchzehe, geschält
2 EL	Olivenöl
500 g	frischer Spinat, gewaschen und geputzt
200 g	Schlagsahne
	Pfeffer, Muskat gerieben

Bandnudeln
400 g

- Bandnudeln bissfest garen und warm stellen.
- Parmesan im Mixtopf **10 Sek./Stufe 10** reiben und umfüllen.
- Zwiebel und Knoblauch im Mixtopf **5 Sek./Stufe 5** zerkleinern. Öl zugeben und **2 Min./Varoma/Stufe 1** dünsten.
- Spinat dazu und **2 Min./ /Stufe 1** zusammenfallen lassen.
- Sahne zugießen. Danach den MB nicht in den Mixtopfdeckel einsetzen und Soße **4-5 Min./ /100°C/Stufe 2** etwas einkochen lassen.
- Geriebenen Parmesan zugeben und mit Pfeffer und Muskat abschmecken.
- Nudeln mit der Soße sofort servieren.

Steinpilzsoße

Nudeltipp:

Spaghetti
400 g

Zutaten:

30 g	Getrocknete Steinpilze
2 kl.	Zwiebeln, geschält, in Stücken
3 EL	Butter
250 g	Saure Sahne
3 EL	Sherry
	Pfeffer, Salz

Alkoholfreie Variante:
Sherry einfach weglassen.

- Steinpilze 40 Min. in 650 ml Wasser einweichen.
- Bandnudeln al dente garen und warm stellen.
- Zwiebel im Mixtopf **5 Sek./Stufe 5** zerkleinern.
- Butter zugeben und **2 Min./Varoma/Stufe 1** dünsten.
- Pilze mit Einweichwasser und Sahne hinzufügen und
  15 Min./⟳/100°C/Stufe 2 kochen. Damit sich die Soße
  reduziert, den Messbecher nicht in den Mixtopfdeckel einsetzen.
- Am Schluss den Sherry kurz unterrühren und die Soße mit Pfeffer
  und Salz abschmecken. Nudeln mit der Soße anrichten.

Tagliatelle mit Rucolasoße

Nudeltipp:

Tagliatelle
450 g

Zutaten:

175 g	Pecorino, in Stücken
250 g	Schlagsahne
150 g	Rucola, entstielt gewogen, grob gehackt
	Salz, Pfeffer

- Pecorino im Mixtopf **15 Sek./ Stufe 8** reiben. Umfüllen.
- Sahne im Mixtopf **3 Min./90°C/Stufe 2** erhitzen.
- Rucola sowie den geriebenen Käse dazu und
  3 Min./80°C/Stufe 1 schmelzen lassen.
- Soße mit Salz und Pfeffer abschmecken und zu den heißen
  Nudeln servieren.

Pasta mit Artischockenpesto

Nudeltipp:

Linguine
500 g

Zutaten:

50 g	Parmesan, in Stücken
1 Glas	Artischockenherzen (Abtropfgew.: 210 g)
150 g	Doppelrahmfrischkäse
2 EL	Olivenöl
½ TL	Salz
1 Pr.	Cayennepfeffer
5-6	getr. Tomaten, in Öl eingelegt, abgetropft
1 handvoll Rucola	

- Nudeln in reichlich Salzwasser nach Packungsanweisung garen. (Dabei 200 g Nudelwasser auffangen).
- Parmesan in Stücken im Mixtopf **15 Sek./Stufe 7** reiben. Umfüllen.
- 1 Artischocke beiseitelegen, restliche Artischocken, Frischkäse, Öl, Salz und Cayennepfeffer im Mixtopf **20 Sek./Stufe 7** pürieren.
- Getrocknete Tomaten, die Hälfte des Parmesans, sowie 200 g Nudelwasser zugeben, **5 Sek./Stufe 6** mischen.
- Soße über die Nudeln geben, vermengen. Die restliche Artischocke in Streifen schneiden, über die Pasta geben. Mit Rucola und restlichem Parmesan bestreut servieren.

Brokkolipesto

Nudeltipp:

Spaghetti
500 g

Zutaten:

450 g	Brokkoli, in Röschen
60 g	Parmesan, in Stücken
25 g	Pistazienkerne
30 g	Crème fraîche
¼ TL	Senf, mittelscharf
½ TL	Salz
¼ TL	Pfeffer
40 g	Olivenöl
40 g	Garflüssigkeit aus dem Mixtopf

- Brokkoli in den Varoma geben, 600 g Wasser und 1 TL Salz in den Mixtopf füllen. Mixtopf verschließen, Varoma aufsetzen und **17 Min./Varoma/Stufe 1** dünsten.
- In der Zwischenzeit Spaghetti nach Packungsanweisung garen.
- Nach Garzeitende, Mixtopf leeren, dabei 40 g Garflüssigkeit auffangen. Mixtopf kurz mit Wasser spülen und trocknen.
- Parmesan und Pistazienkerne **10 Sek./Stufe 6-7** zerkleinern.
- Die Hälfte der gegarten Brokkoliröschen, sowie die restlichen Zutaten zugeben und **20 Sek./Stufe 6** mixen.
- Pesto zusammen mit den restlichen Brokkoliröschen über die heißen Spaghetti geben, vermengen und sofort servieren.

Räucherlachs-Schinkensoße

Nudeltipp:

Linguine
400 g

Zutaten:

1 kl.	Zwiebel, geschält, halbiert
50 g	Butter
120 g	Roher Schinken
100 g	Weißwein
500 g	Tomaten, geschält, geputzt in Stücke geschnitten
120 g	Räucherlachs
100 g	Schlagsahne
	Salz, Pfeffer

- Zwiebel im Mixtopf **5 Sek./Stufe 5** zerkleinern und mit der Butter **1 Min./Varoma/Stufe 1** dünsten.
- Schinken in Streifen schneiden, zur Zwiebel geben und **1 Min./Varoma/Stufe 1** dünsten.
- Weißwein und Tomaten zugeben und **7 Min./ ⟳ /100°C/Stufe 2** kochen.
- Nudeln al dente kochen und abgießen.
- Räucherlachs in Stücke schneiden und mit der Sahne zur Tomatensoße in den Mixtopf geben. Nochmals **1 Min./ ⟳ /Stufe 1** rühren.
- Soße mit Salz und Pfeffer abschmecken.
- Mit den Nudeln vorsichtig mischen und sofort servieren.

Wie wär´s mal bunt?
Sie können nach Wunsch auch bunte Nudeln
verwenden, bzw. selbst herstellen.
Das passende Grundrezept für gefärbten
Nudelteig finden Sie auf Seite 4.

Alkoholfreie Variante:
Weißwein kann durch
Gemüsebrühe ersetzt
werden.

Tortellini mit Rotwein-Käse-Sauce

Tortellini
500 g

Zutaten:

60 g	Parmesan
5	getrocknete Tomaten
1 kl.	Zwiebel, halbiert
15 g	Öl
80 g	Fetakäse
150 g	Milch
80 g	Frischkäse
40 g	Rotwein
1 MSP	Pfeffer
½ TL	Gemüsebrühpulver
	Oreganoblättchen zum Bestreuen

- Tortellini nach Packungsanweisung garen.
- Parmesan in Stücken im Mixtopf **15 Sek./Stufe 7** reiben. Umfüllen.
- Getrocknete Tomaten und Zwiebel **7 Sek./Turbo** zerkleinern.
- Öl hinzugeben und **2 Min./Varoma/Stufe 1** dünsten.
- Restliche Zutaten hinzufügen und **4 Min./100°C/Stufe 3** kochen.
- Tortellini mit der Soße übergießen und mit Oreganoblättchen bestreut servieren.

Alkoholfreie Variante:
Rotwein kann durch Gemüsebrühe ersetzt werden.

33

Überbackene Tortellini mit Gorgonzola

Nudeltipp:

Tortellini
500 g

Zutaten:

150 g Hartkäse, in Stücken
6-7   getrocknete Tomaten,
           in Öl eingelegt, abgetropft
1   Knoblauchzehe
200 g Sahne
60 g   Gorgonzola
70 g   Milch
1 EL   Tomatenmark
60 g   Wasser
je ¼ TL Salz & Pfeffer
125 g Mozzarella, in Scheiben
           geschnitten

- Hartkäse im Mixtopf **15 Sek./Stufe 5** reiben. Umfüllen.
- Tomaten und Knoblauch im Mixtopf **5 Sek./Stufe 5** zerkleinern.
- Sahne, Gorgonzola, Milch, Tomatenmark, Wasser, sowie Salz und Pfeffer zugeben, **10 Sek./Stufe 5** vermengen.
- Tortellini in eine Auflaufform geben, mit der Soße übergießen und mit dem geriebenen Käse und Mozzarella bestreuen.
- Im vorgeheizten Backofen bei 200°C ca. 15 Min. überbacken.